A Senhora da Piedade

Setenário das dores de Maria

Aparecida Matilde Alves

A Senhora da Piedade

Setenário das dores de Maria

Editora responsável: Andréia Schweitzer
Equipe editorial

1ª edição – 2013
4ª reimpressão – 2022

Nenhuma parte desta obra poderá ser reproduzida ou transmitida por qualquer forma e/ou quaisquer meios (eletrônico ou mecânico, incluindo fotocópia e gravação) ou arquivada em qualquer sistema ou banco de dados sem permissão escrita da Editora. Direitos reservados.

Paulinas
Rua Dona Inácia Uchoa, 62
04110-020 – São Paulo – SP (Brasil)
Tel.: (11) 2125-3500
http://www.paulinas.com.br – editora@paulinas.com.br
Telemarketing e SAC: 0800-7010081
© Pia Sociedade Filhas de São Paulo – São Paulo, 2013

Introdução

"Ao pronunciar o *fiat* ('faça-se') da Anunciação e ao dar seu consentimento ao Mistério da Encarnação, Maria já colabora com toda a obra redentora que seu Filho deverá realizar. Ela é Mãe onde Ele é Salvador e Cabeça do Corpo Místico" (*Catecismo da Igreja Católica*).

Quem é Maria, a Senhora da Piedade?

Criatura como todo ser humano, Maria é, entretanto, aquela que "todas as gerações chamarão de bem-aventurada" (Lc 1,48)... De todas as criaturas, ela é aquela que os Santos e Doutores da Igreja nomeiam como "a Obra-Prima de Deus". O seu "sim" dado a Deus mudou para sempre o curso da história da humanidade.

Para Deus Pai, ela é a mulher escolhida desde toda a eternidade para ser a Mãe do seu Filho único – Jesus Cristo, nosso Salvador.

Para o Verbo de Deus, ela é aquela que lhe deu a humanidade, aquela que envolveu toda a sua vida terrena, aquela a quem Ele pôde chamar de Mãe, aquela que consegue dele tudo o que deseja.

Para nós, Maria é a Mãe que nos foi dada pelo Salvador, na hora de sua morte na Cruz, Refúgio de ternura, de compaixão e misericórdia, aquela que nos concebe para a vida divina; com Jesus, a Corredentora da humanidade. Maria é, também, nosso modelo, pois ela é nossa irmã, conforme a condição humana; ela é a estrela da manhã, na qual ganha vida toda a nossa esperança.

Por que chamamos Maria de Nossa Senhora da Piedade?

"Todas as gerações me chamarão bem-aventurada" (Lc 1,48). Na Ladainha de

Nossa Senhora estão elencados os mais belos títulos com que a Igreja homenageia Maria, a Mãe de Jesus e nossa: *Santa Mãe de Deus, Mãe de Cristo, Mãe imaculada, Virgem fiel, Causa de nossa alegria, Rosa mística, Estrela da manhã, Refúgio dos pecadores, Rainha dos Apóstolos, Rainha da paz...* O mais recente destes títulos – *Rainha das Famílias* – foi acrescentado pelo bem-aventurado João Paulo II, em 1995.

Além destes, Maria recebe muitos nomes originados de suas aparições ou mesmo referindo-se à sua atenção às necessidades de seus filhos, no decorrer da história: *Nossa Senhora Aparecida, Nossa Senhora de Fátima, Nossa Senhora da Angústia, Nossa Senhora da Ajuda, Nossa Senhora da Glória, Nossa Senhora do Perpétuo Socorro, Nossa Senhora da Piedade, Nossa Senhora do Bom Parto, Nossa Senhora da Cabeça, Nossa Senhora das Graças, Imaculada Conceição, Nossa*

Senhora de Guadalupe... e tantos outros títulos que nos convidam a considerar a grandeza de Maria junto à Trindade Divina. É sempre a *única* Santíssima Virgem Maria, a Maria de Nazaré, a Mãe de Jesus e nossa, a Medianeira de todas as graças e Corredentora junto a seu Filho Jesus, em favor da humanidade.

Nossa Senhora da Piedade, Nossa Senhora das Dores, Nossa Senhora da Soledade, Nossa Senhora das Angústias, Nossa Senhora das Lágrimas, Nossa Senhora das Sete Dores, Nossa Senhora do Calvário, Nossa Senhora do Monte Calvário ou, ainda, Nossa Senhora do Pranto, são maneiras diferentes com que os cristãos invocam a "Mater Dolorosa" (Mãe das Dores), a Senhora da Piedade; devoção muito difundida em Portugal e trazida para o Brasil pelos portugueses, a Padroeira de Minas Gerais.

O culto à "Mater Dolorosa" iniciou-se no mosteiro de Schönau, na Germânia, em

1221. No dia 15 de setembro de 1239, a Ordem Religiosa dos Servos de Maria deu início a essa devoção, em Florença, na Itália, acentuando, sobretudo, as Sete Dores da Virgem Maria. Dali surgiram diferentes práticas de piedade – Coroa das Dores de Maria, Setenário das Dores de Maria –, acentuando o martírio de Nossa Senhora, mencionado já na profecia de Simeão, no momento da Apresentação de Jesus no Templo: "Eis que uma espada transpassará tua alma! [...]" (Lc 2,35).

Proclama São Bernardo, o grande apreciador de Maria:

> Verdadeiramente, ó Santa Mãe, uma espada transpassou tua alma. Aliás, somente a atravessando, penetraria no corpo do teu Filho. De fato, visto que o teu Jesus – de todos certamente, mas especialmente teu – a lança cruel, abrindo-lhe o lado sem poupar um morto, não atingiu a alma dele, mas atravessou tua alma. A alma dele ali já não estava, mas a tua, dali não podia ser arrancada. Por isso a violência da dor

penetrou em tua alma, e nós te proclamamos, com justiça, mais do que mártir, porque a compaixão ultrapassou a dor da paixão corporal.

E ainda:

Diante da Virgem aos pés da Cruz, tanta dor e tanto sofrimento, mas também tanta fortaleza e fé, que nesse momento Jesus Crucificado não podia dar maior presente aos seus discípulos e a toda a humanidade representada ali por João, o discípulo amado. Maria conhece as dores do nosso coração, por isso, depositemos em seu coração transpassado os nossos pedidos e súplicas, confiantes de que tudo o que pedirmos à Mãe, o Filho atende (Dos sermões de São Bernardo, em *Liturgia das Horas*).

A devoção a Nossa Senhora da Piedade possui fundamentação bíblica, pois é na Palavra de Deus que encontramos as sete dores de Maria: a profecia de Simeão, a fuga para o Egito, a perda do Menino Jesus no Templo, o encontro com Jesus a caminho do Calvário, a agonia e morte de Jesus na cruz, Jesus tirado da cruz e entregue em seus braços, Jesus colocado no sepulcro.

A Igreja não recorda as dores de Nossa Senhora simplesmente pelas dores, por um sentimento de vitimismo, mas por suas dores oferecidas ao Pai, participando ativamente na Redenção da humanidade, assumida por Jesus. Por isso, Maria, imagem da Igreja, convida-nos para uma nova vida que não significa ausência de sofrimentos, mas sim oblação, oferta de si, para o bem da humanidade e nossa própria santificação.

O Papa São Pio X, nos inícios do século XX, fixou a data de 15 de setembro como festa da Virgem Maria Dolorosa, Nossa Senhora das Dores, Rainha dos Mártires, Senhora da Piedade, associada a Jesus como Corredentora da humanidade. É junto à Cruz de Jesus que Nossa Senhora torna-se Mãe do seu Corpo Místico, isto é, como cristãos, nascemos do mútuo amor sacrifical e sofredor de Jesus e de Maria.

SETENÁRIO DAS DORES DE NOSSA SENHORA

PRIMEIRA DOR

A profecia do velho Simeão

Dirigente: *Em nome do Pai, do Filho e do Espírito Santo. Amém.*

Todos (ou em dois coros):

– Faze, ó Mãe, fonte de amor / que eu sinta em mim tua dor / para contigo chorar.

– Faze arder meu coração / partilhar tua paixão / e teu Jesus consolar.

– Ó santa Mãe, por favor / faze que as chagas do amor / em mim se venham gravar.

– O que Jesus padeceu / venha a sofrer também eu / causa de tanto penar.

– Ó dá-me, enquanto viver / com Jesus Cristo sofrer / contigo sempre chorar.

– Quero ficar junto à cruz / velar contigo a Jesus / e o teu pranto enxugar.

– *Quando eu da terra partir / para o céu possa subir / e, então, contigo reinar.*

(Memória de Nossa Senhora das Dores, *Liturgia das Horas*)

Leitor: *Lc 2,22-35*

Quando completaram os dias da purificação, segundo a lei de Moisés, levaram o menino a Jerusalém para apresentá-lo ao Senhor, conforme está escrito na lei do Senhor: "Todo primogênito do sexo masculino será consagrado ao Senhor". Para tanto, deviam oferecer em sacrifício um par de rolas ou dois pombinhos [...] Ora, em Jerusalém vivia um homem piedoso e justo, chamado Simeão, que esperava a consolação de Israel. [...] ele teve uma revelação divina de que não morreria sem ver o Ungido do Senhor. Movido pelo Espírito, foi ao Templo. Quando os pais levaram o menino Jesus ao Templo para cumprirem as disposições da Lei, Simeão tomou-o nos braços e louvou a Deus dizendo: "Agora, Senhor, segundo a tua promessa, deixa teu servo ir em paz, porque meus olhos viram a tua salvação, que preparaste diante de todos os povos: luz para iluminar as nações e glória do teu povo, Israel". O pai e a mãe estavam maravilhados com o que se dizia do menino. Simeão os abençoou, e disse a Maria, mãe do menino: "Eis que este menino vai ser causa de queda e elevação de muitos em Israel. Ele será um sinal de contradição. Quanto a você, uma espada há de atravessar-lhe a alma. Assim serão revelados os pensamentos de muitos corações".

Comentarista: As palavras de Simeão deixaram interrogações no coração de Maria. Uma tristeza profunda invadiu sua alma e a acompanhou por todo o tempo em que Jesus viveu nesta terra. Ela, porém, pela fé soube enfrentar com serenidade toda dor e, pela graça divina, esteve sempre à disposição de Deus, oferecendo esperança à humanidade.

Também hoje, muitas mães vivem como Maria o sofrimento de seus filhos, marcados pela fome, pela pobreza, pela injustiça, pelo desemprego. São as espadas atuais que transpassam o coração de tantas mães que veem seu filho sofrer, muitas vezes desde antes de nascer, nas escolas pela discriminação, na vida social pela falta de emprego, por salários injustos, pela violência.

Dirigente: Rezemos pelas mães, que jamais se desesperem ou percam a fé e a esperança em Deus. Que, como Maria, confiem na sabedoria e no amor misericordioso de Deus. Rezemos:

Todos: Santíssima e Imaculada Virgem Maria, Mãe da Piedade, Senhora das Dores, Padroeira e Rainha nossa, recorro à vossa proteção e a vós consagro minha vida de discípulo(a) missionário(a). Em vosso coração, Mãe compassiva, deposito, agora, confiante, minhas súplicas e necessidades.

(Silêncio para pedido de graça.)

Alcançai-me o que vos peço, guardai-me na paz, livre de perigos e ciladas, comprometido(a) com a justiça, exemplar na solidariedade, para que o mundo creia e se abra ao amor de Deus Pai, Filho e Espírito Santo. Amém.[1]

---

[1] Oração composta por Dom Walmor Oliveira de Azevedo, Arcebispo de Belo Horizonte - MG.

SEGUNDA DOR

A fuga para o Egito

Dirigente: *Em nome do Pai, do Filho e do Espírito Santo. Amém.*

Todos (ou em dois coros):

– *Faze, ó Mãe, fonte de amor / que eu sinta em mim tua dor / para contigo chorar.*

– *Faze arder meu coração / partilhar tua paixão / e teu Jesus consolar.*

– *Ó santa Mãe, por favor / faze que as chagas do amor / em mim se venham gravar.*

– *O que Jesus padeceu / venha a sofrer também eu / causa de tanto penar.*

– *Ó dá-me, enquanto viver / com Jesus Cristo sofrer / contigo sempre chorar.*

– *Quero ficar junto à cruz / velar contigo a Jesus / e o teu pranto enxugar.*

– *Quando eu da terra partir / para o céu possa subir / e, então, contigo reinar.*

Leitor: Mt 2,13-15.19-20

Depois que os magos partiram, o Anjo do Senhor apareceu em sonho a José, e lhe disse: "Levante-se, pegue o menino e a mãe dele, e fuja para o Egito! Fique lá até que eu avise. Porque Herodes vai procurar o menino para matá-lo". José levantou-se de noite, pegou o menino e a mãe dele, e partiu para o Egito. Aí ficou até a morte de Herodes, para se cumprir o que o Senhor havia dito por meio do profeta: "Do Egito chamei o meu filho". [...] Quando Herodes morreu, o Anjo do Senhor apareceu em sonho a José, no Egito, e lhe disse: "Levante-se, pegue o menino e a mãe dele, e volte para a terra de Israel, pois já estão mortos aqueles que procuravam matar o menino".

Comentarista: Superada a angústia de aceitar Maria grávida de Jesus, José novamente é chamado a participar ativamente no mistério do Filho de Deus. Deve protegê-lo contra a maldade e prepotência de Herodes, que, na sua insegurança, se vê ameaçado pelo nascimento do Rei dos reis, daquele que, "existindo em forma divina, não se apegou ao ser igual a Deus, mas despojou-se, assumindo a forma de escravo e tornando-se semelhante ao ser humano" (Fl 2,6-7). A mando do anjo do Senhor, José conduz o Menino e sua Mãe ao Egito, salvando-o da morte prematura.

Dirigente: Rezemos pela Igreja de Jesus Cristo, hoje perseguida e ridicularizada pelos poderosos e pelos meios de comunicação. Rezemos pelo Santo Padre, por nossos Bispos, sacerdotes, religiosas, religiosos e missionários, pelos agentes de pastoral de nossas paróquias. Digamos juntos:

Todos: Santíssima e Imaculada Virgem Maria, Mãe da Piedade, Senhora das Dores, Padroeira e Rainha nossa, recorro à vossa proteção e a vós consagro minha vida de discípulo(a) missionário(a). Em vosso coração, Mãe compassiva, deposito, agora, confiante, minhas súplicas e necessidades.

(Silêncio para pedido de graça.)

Alcançai-me o que vos peço, guardai-me na paz, livre de perigos e ciladas, comprometido(a) com a justiça, exemplar na solidariedade, para que o mundo creia e se abra ao amor de Deus Pai, Filho e Espírito Santo. Amém.

TERCEIRA DOR

A perda e o encontro de Jesus no Templo

Dirigente: *Em nome do Pai, do Filho e do Espírito Santo. Amém.*

Todos (ou em dois coros):

– *Faze, ó Mãe, fonte de amor / que eu sinta em mim tua dor / para contigo chorar.*

– *Faze arder meu coração / partilhar tua paixão / e teu Jesus consolar.*

– *Ó santa Mãe, por favor / faze que as chagas do amor / em mim se venham gravar.*

– *O que Jesus padeceu / venha a sofrer também eu / causa de tanto penar.*

– *Ó dá-me, enquanto viver / com Jesus Cristo sofrer / contigo sempre chorar.*

– *Quero ficar junto à cruz / velar contigo a Jesus / e o teu pranto enxugar.*

– *Quando eu da terra partir / para o céu possa subir / e, então, contigo reinar.*

Leitor: Lc 2,41-52

Os pais de Jesus iam todos os anos a Jerusalém, para a festa da Páscoa. Quando o menino completou doze anos, subiram para a festa, como de costume. Passados os dias da Páscoa, voltaram, mas o menino Jesus ficou em Jerusalém, sem que seus pais o notassem. Pensando que o menino estivesse na caravana, caminharam um dia inteiro. Depois começaram a procurá-lo entre parentes e conhecidos. Não o tendo encontrado, voltaram a Jerusalém à procura dele. Três dias depois, encontraram o menino no Templo. Estava sentado no meio dos doutores, escutando e fazendo perguntas. Todos os que ouviam o menino estavam maravilhados com a inteligência de suas respostas. Ao vê-lo, seus pais ficaram emocionados. Sua mãe lhe disse:

"Meu filho, por que você fez isso conosco? Olhe que seu pai e eu estávamos angustiados, à sua procura". Jesus respondeu: "Por que me procuravam? Não sabiam que eu devo estar na casa do meu Pai?" Mas eles não compreenderam o que o menino acabava de lhes dizer. Jesus desceu então com seus pais para Nazaré, e permaneceu obediente a eles. E sua mãe conservava no coração todas essas coisas. E Jesus crescia em sabedoria, em estatura e graça, diante de Deus e dos homens.

Comentarista: Perder um filho é, para toda mãe e todo pai, perder o sentido de viver. Pensemos nos pais que perdem seus filhos por causa da morte provocada pela doença, por um acidente, pela guerra, pela violência. Pensemos na aflição de José e de Maria, ao constatarem que Jesus não estava na caravana que retornava a Nazaré. Com certeza, a dor de Maria foi imensa. Tantas vezes, diante do sofrimento, as pessoas se desesperam, negam sua fé, afastam-se de Deus. Não foi assim com Maria. Diz o Evangelho que Maria "conservava no coração todas essas coisas". Buscava em Deus o sentido para sua dor.

Jesus, por sua vez, revela a consciência de sua missão. E ajuda Maria a compreender que, não obstante a força e nobreza dos laços fraternos, os filhos devem ser educados para a fidelidade ao projeto de Deus para cada um de nós, e que muitas vezes é necessária a distância da família para que possam seguir sua vocação. Nunca o abandono, mas o desprendimento, a renúncia, a entrega marcam a vida daqueles que Deus chama para a vida sacerdotal, religiosa e missionária.

Dirigente: Rezemos pelos jovens chamados a servirem a Deus numa vocação de especial consagração, no sacerdócio, na vida religiosa e missionária. Que encontrem em sua família apoio e estímulo necessários para que ouçam e sigam a voz de Deus. Peçamos que o Senhor suscite também em nossa família vocações para o serviço do seu Reino. Rezemos:

Todos: Santíssima e Imaculada Virgem Maria, Mãe da Piedade, Senhora das Dores, Padroeira e Rainha nossa, recorro a vossa proteção e a vós consagro minha vida de discípulo(a) missionário(a). Em vosso coração, Mãe compassiva, deposito, agora, confiante, minhas súplicas e necessidades.

(Silêncio para pedido de graça.)

Alcançai-me o que vos peço, guardai-me na paz, livre de perigos e ciladas, comprometido(a) com a justiça, exemplar na solidariedade, para que o mundo creia e se abra ao amor de Deus Pai, Filho e Espírito Santo. Amém.

QUARTA DOR

O encontro de Maria com Jesus carregando a cruz a caminho do Calvário

Dirigente: *Em nome do Pai, do Filho e do Espírito Santo. Amém.*

Todos (ou em dois coros):

– *Faze, ó Mãe, fonte de amor / que eu sinta em mim tua dor / para contigo chorar.*

– *Faze arder meu coração / partilhar tua paixão / e teu Jesus consolar.*

– *Ó santa Mãe, por favor / faze que as chagas do amor / em mim se venham gravar.*

– *O que Jesus padeceu / venha a sofrer também eu / causa de tanto penar.*

– *Ó dá-me, enquanto viver / com Jesus Cristo sofrer / contigo sempre chorar.*

– Quero ficar junto à cruz / velar contigo a Jesus / e o teu pranto enxugar.

– Quando eu da terra partir / para o céu possa subir / e, então, contigo reinar.

Leitor: Lc 23,26-29

Enquanto levavam Jesus para ser crucificado, pegaram certo Simão, da cidade de Cirene, que voltava do campo, e o forçaram a carregar a cruz atrás de Jesus. Uma grande multidão do povo o seguia. E mulheres batiam no peito e choravam por Jesus. Jesus, porém, voltou-se, e disse: "Mulheres de Jerusalém, não chorem por mim! Chorem por vocês mesmas e por seus filhos! Porque dias virão em que se dirá: 'Felizes das mulheres que nunca tiveram filhos, dos ventres que nunca deram à luz e dos seios que nunca amamentaram'".

Comentarista: Embora o Evangelho não fale explicitamente da presença de Maria no caminho do Calvário, a tradição contempla a sua experiência nesse momento doloroso da subida para o suplício. Quem faz a experiência de estar com Maria em todos os momentos de sua caminhada, sejam eles felizes ou de dor, não pode deixar de entender que ela, que embalou Jesus no colo, que concebeu e sentiu seu útero dilatar, viu-se ali diante de uma nova gestação. O seu coração de Mãe dispara ao ver seu Filho açoitado, carregando a cruz. Ela que ouvira as batidas do coração de Jesus em seu ventre, escuta ali a respiração ofegante de um coração que bombeia o sangue que jorra por todo o seu corpo. O seu menino livre, feliz, está agora amarrado, preso como se fosse um delinquente. Vencido pela dor que vai aumentando, pelos açoites, são inevitáveis as quedas. Quando publicamente despem suas roupas, Maria contempla aquele corpo que, com tanto carinho e delicadeza, ela banhara, amamentara e aquecera em seu colo, e agora nu, exposto aos escárnios dos carrascos, humilhado. Quanta dor! Também nós, diante dos sofrimentos de cada dia, das quedas consequentes de nossa fraqueza, não podemos desistir da caminhada. É preciso erguer a cabeça para enxergar caminhos e descobrir sempre novas oportunidades.

Dirigente: Rezemos para que Maria nos ensine a humildade e a capacidade de reconhecermos nossas fraquezas, e que o Espírito Santo fortaleça nossa vontade a fim de que jamais nos afastemos de Jesus por causa do pecado. Rezemos:

Todos: Santíssima e Imaculada Virgem Maria, Mãe da Piedade, Senhora das Dores, Padroeira e Rainha nossa, recorro à vossa proteção e a vós consagro minha vida de discípulo(a) missionário(a). Em vosso coração, Mãe compassiva, deposito, agora, confiante, minhas súplicas e necessidades.

(Silêncio para pedido de graça.)

Alcançai-me o que vos peço, guardai-me na paz, livre de perigos e ciladas, comprometido(a) com a justiça, exemplar na solidariedade, para que o mundo creia e se abra ao amor de Deus Pai, Filho e Espírito Santo. Amém.

QUINTA DOR

Agonia e morte de Jesus na cruz

Dirigente: *Em nome do Pai, do Filho e do Espírito Santo. Amém.*

Todos (ou em dois coros):

– *Faze, ó Mãe, fonte de amor / que eu sinta em mim tua dor / para contigo chorar.*

– *Faze arder meu coração / partilhar tua paixão / e teu Jesus consolar.*

– *Ó santa Mãe, por favor / faze que as chagas do amor / em mim se venham gravar.*

– *O que Jesus padeceu / venha a sofrer também eu / causa de tanto penar.*

– *Ó dá-me, enquanto viver / com Jesus Cristo sofrer / contigo sempre chorar.*

– *Quero ficar junto à cruz / velar contigo a Jesus / e o teu pranto enxugar.*

– *Quando eu da terra partir / para o céu possa subir / e, então, contigo reinar.*

Leitor: Jo 19,25-27

A mãe de Jesus, a irmã da mãe dele, Maria de Cléofas, e Maria Madalena estavam junto à cruz. Jesus viu a mãe e, ao lado dela, o discípulo que ele amava. Então disse à mãe: "Mulher, eis aí o seu filho". Depois disse ao discípulo: "Eis aí a sua mãe". E dessa hora em diante, o discípulo a recebeu em sua casa.

Comentarista: É chegada a hora. Os algozes se aproximam e colocam o corpo de Jesus sobre o madeiro. As marteladas cravam Jesus na cruz, ferem seu corpo e ressoam dolorosamente no coração de Maria. A espada profetizada por Simeão mais uma vez sangra seu coração imaculado, enquanto fere o corpo sagrado do Filho de Deus. No calvário, diante da morte de Jesus nos deparamos com a máxima dor de Maria e o mistério da cruz, do sofrimento em nossas vidas. E entendemos que o "Deus Crucificado" não pode ser um Deus prepotente e majestoso, alheio ao sofrimento dos homens. Jesus Crucificado nos faz entender que Deus, em seu mistério, é alguém que sofre conosco; nossa miséria o afeta, nosso sofrimento o aproxima sempre mais da humanidade.

"Jesus viu a mãe e, ao lado dela, o discípulo que ele amava. Então disse à mãe: 'Mulher, eis aí o seu filho'. Depois disse ao discípulo: 'Eis aí a sua mãe'. E dessa hora em diante, o discípulo a recebeu em sua casa." No auge da dor, como a mulher na hora do parto, Jesus proclama a maternidade espiritual de Maria: ela é a nova Eva, a Mãe da humanidade remida por seu Filho. Envolvido pelo olhar de Maria, Jesus entrega ao Pai o seu espírito, entregando à humanidade sua preciosa Mãe.

Dirigente: Rezemos assumindo o mesmo apelo que um dia fez por nós o bem-aventurado Papa João Paulo II: "Possa cada cristão, a exemplo do discípulo predileto, receber Maria em sua casa, dar-lhe espaço na própria existência cotidiana, reconhecendo seu papel providencial no caminho de nossa salvação".

Todos: Santíssima e Imaculada Virgem Maria, Mãe da Piedade, Senhora das Dores, Padroeira e Rainha nossa, recorro à vossa proteção e a vós consagro minha vida de discípulo(a) missionário(a). Em vosso coração, Mãe compassiva, deposito, agora, confiante, minhas súplicas e necessidades.

(Silêncio para pedido de graça.)

Alcançai-me o que vos peço, guardai-me na paz, livre de perigos e ciladas, comprometido(a) com a justiça, exemplar na solidariedade, para que o mundo creia e se abra ao amor de Deus Pai, Filho e Espírito Santo. Amém.

SEXTA DOR

Maria recebe nos braços seu filho morto

Dirigente: *Em nome do Pai, do Filho e do Espírito Santo. Amém.*

Todos (ou em dois coros):

– Faze, ó Mãe, fonte de amor / que eu sinta em mim tua dor / para contigo chorar.

– Faze arder meu coração / partilhar tua paixão / e teu Jesus consolar.

– Ó santa Mãe, por favor / faze que as chagas do amor / em mim se venham gravar.

– O que Jesus padeceu / venha a sofrer também eu / causa de tanto penar.

– Ó dá-me, enquanto viver / com Jesus Cristo sofrer / contigo sempre chorar.

– *Quero ficar junto à cruz / velar contigo a Jesus / e o teu pranto enxugar.*

– *Quando eu da terra partir / para o céu possa subir / e, então, contigo reinar.*

Leitor: Jo 19,28-30

Depois disso, sabendo que tudo estava realizado, para que se cumprisse a Escritura, Jesus disse: "Tenho sede". Havia ali uma jarra cheia de vinagre. Amarraram uma esponja ensopada de vinagre numa vara, e aproximaram a esponja da boca de Jesus. Ele tomou o vinagre e disse: "Tudo está consumado". E, inclinando a cabeça, entregou o espírito.

Comentarista: Como foi duro para a Virgem Mãe ver seu Filho com sede, pedindo água, sem poder atendê-lo! Ele que dera à samaritana a água viva da fé, que transformara a água em vinho, nas bodas de Caná, ao pedir água na cruz, recebe vinagre! Diante de tanta crueldade, Maria compreende a sede de Jesus por justiça, paz e transformação. Quanta dor ao receber em seus braços o corpo inerte de seu Filho! As muitas imagens de Nossa Senhora da Piedade retratam essa cena. Podemos imaginar, representar a cena, mas os sentimentos e as dores que Maria sofreu são inimagináveis. A Mãe Santíssima tem no colo o corpo desfalecido do Filho de Deus que ela concebeu e fez crescer a convite do Pai Eterno, que lhe confiara essa altíssima missão.

Sim, a dor de Maria é imensa, sua fé e seu amor, porém, são ainda maiores. Maria contempla aquele rosto desfigurado, tira-lhe a coroa de espinhos, como para aliviar seus sofrimentos. Olha para seu coração traspassado pela lança do soldado. Nele, ela vê todos os seus filhos pelos quais Jesus deu a vida, e sente compaixão de todos nós.

Como Maria, saibamos abraçar as dores de nossos irmãos, procurando aliviá-las, sem mágoas e ressentimentos, pois também nós contribuímos para o sofrimento dos outros por causa de nossa ambição e egoísmo. Somente quem tem muito amor no coração pode sustentar nos braços os pobres, os doentes, os aflitos, os desempregados, os marginalizados e todos aqueles que sofrem.

Dirigente: Rezemos, pedindo a Maria que faça brotar e crescer em nós o espírito de piedade, compaixão e solidariedade para com nossos irmãos mais necessitados, e todos que esperam de nós uma palavra de conforto e esperança. Que saibamos comunicar a todos a Palavra que salva e que santifica – a Palavra de Deus.

Todos: Santíssima e Imaculada Virgem Maria, Mãe da Piedade, Senhora das Dores, Padroeira e Rainha nossa, recorro à vossa proteção e a vós consagro minha vida de discípulo(a) missionário(a). Em vosso coração, Mãe compassiva, deposito, agora, confiante, minhas súplicas e necessidades.

(Silêncio para pedido de graça.)

Alcançai-me o que vos peço, guardai-me na paz, livre de perigos e ciladas, comprometido(a) com a justiça, exemplar na solidariedade, para que o mundo creia e se abra ao amor de Deus Pai, Filho e Espírito Santo. Amém.

SÉTIMA DOR

Jesus é colocado no sepulcro

Dirigente: *Em nome do Pai, do Filho e do Espírito Santo. Amém.*

Todos (ou em dois coros):

– Faze, ó Mãe, fonte de amor / que eu sinta em mim tua dor / para contigo chorar.

– Faze arder meu coração / partilhar tua paixão / e teu Jesus consolar.

– Ó santa Mãe, por favor / faze que as chagas do amor / em mim se venham gravar.

– O que Jesus padeceu / venha a sofrer também eu / causa de tanto penar.

– Ó dá-me, enquanto viver / com Jesus Cristo sofrer / contigo sempre chorar.

– Quero ficar junto à cruz / velar contigo a Jesus / e o teu pranto enxugar.

– Quando eu da terra partir / para o céu possa subir / e, então, contigo reinar.

Leitor: Lc 23,52-55

Havia um homem bom e justo, chamado José. Era membro do Conselho, mas não tinha aprovado a decisão, nem a ação dos outros membros. Ele era de Arimateia, cidade da Judeia, e esperava a vinda do Reino de Deus. José foi a Pilatos e pediu o corpo de Jesus. Desceu o corpo da cruz, o enrolou num lençol e o colocou num túmulo escavado na rocha, onde ninguém ainda tinha sido sepultado. Era o dia da preparação da Páscoa, e o sábado já estava começando. As mulheres, que tinham ido com Jesus desde a Galileia, foram com José para ver o túmulo, e como o corpo de Jesus tinha sido colocado.

Comentarista: Quando morre alguém muito querido, alguém a quem queremos bem, sentimos uma dor que não se explica.

Lembranças, saudade, arrependimentos, vazio, indiferença ante as futilidades da vida e outras experiências povoam nosso ser. Mas a fé nos faz ver mais longe, como Maria, que, à espera da ressurreição de Jesus, mais uma vez guarda tudo em seu coração e renova o seu sim dado a Deus, no momento da Anunciação do Anjo e Encarnação do Verbo de Deus. O sofrimento e a cruz fazem parte da caminhada humana, assim como a vitória para os que confiam e esperam em Deus. Nos braços da Senhora da Piedade, sentimo-nos sempre confortados, protegidos e alimentados, na certeza da vitória da cruz.

Diz o Papa Emérito Bento XVI: "A fé é, na verdade, uma pequena lâmpada, mas é a única lâmpada que ilumina a noite do mundo. E a sua luz humilde funde-se com as primeiras luzes do dia: o dia de Cristo Ressuscitado. Assim, a história (da salvação) não acaba no sepulcro, antes, explode no sepulcro. Como havia prometido Jesus, assim aconteceu e assim acontecerá".

Dirigente: Rezemos pedindo a Maria que nos ensine a olhar para Jesus crucificado e sepultado por causa dos nossos pecados, olhando para o sofrimento e o abandono de tantas vítimas da injustiça e das desgraças deste mundo. Com ela, aprendamos a levantar o nosso olhar para a cruz do Senhor, sem desviá-lo dos crucificados que estão diante de nossos olhos.

Todos: Santíssima e Imaculada Virgem Maria, Mãe da Piedade, Senhora das Dores, Padroeira e Rainha nossa, recorro a vossa proteção e a vós consagro minha vida de discípulo(a) missionário(a). Em vosso coração, Mãe compassiva, deposito, agora, confiante, minhas súplicas e necessidades.

(Silêncio para pedido de graça.)

Alcançai-me o que vos peço, guardai-me na paz, livre de perigos e ciladas, comprometido(a) com a justiça, exemplar na solidariedade, para que o mundo creia e se abra ao amor de Deus Pai, Filho e Espírito Santo. Amém.

ORAÇÃO FINAL

Consagração a Nossa Senhora da Piedade

Santíssima e Imaculada Virgem Maria, Mãe da Piedade, Padroeira e Senhora nossa, recorremos à vossa proteção e vos consagramos nossa vida de discípulos(as) missionários(as).

No alto da Serra da Piedade, magnífica arquitetura divina, herança nossa que vamos sempre preservar e defender, pusestes vossa casa de clemência e bondade, Santuário Estadual de Minas Gerais; em Vossa Imagem veneranda, nos ensinais o amor infinito de Jesus, Filho Amado, que dá sua vida para que todos tenham vida, ensinando-nos a depositar em Deus Pai toda nossa confiança, dóceis à ação amorosa e terna do Espírito Santo.

Intercedei a Deus por nós e inspirai o caminho missionário da Igreja de vosso Filho Jesus; protegei nossas famílias, para que floresçam como Escolas do Amor, Santuários da vida, de virtude e dignidade. Ensinai os governantes, os construtores da sociedade e os representantes do povo a serem autênticos servidores, defensores dos direitos e promotores da justiça.

Cuidai dos pobres, aflitos e sofredores. Acompanhai os jovens e as crianças, e sustentai os enfermos, os irmãos e irmãs mais velhos. Assisti os sacerdotes, religiosas e consagrados, evangelizadores e missionários, e seu empenho seja fecundo, para que se multipliquem os operários da messe do Senhor.

Alcançai-nos o que vos pedimos, Senhora da Piedade, e guardai-nos na paz, livres de perigos e ciladas, comprometidos com a justiça; exemplares na solidariedade, para que o mundo creia e se abra ao amor de Deus Pai, Filho e Espírito Santo. Amém.

Dom Walmor Oliveira de Azevedo
Arcebispo Metropolitano da
Arquidiocese de Belo Horizonte – MG

NOSSAS DEVOÇÕES
(Origem das novenas)

De onde vem a prática católica das novenas? Entre outras, podemos dar duas respostas: uma histórica, outra alegórica.

Historicamente, na Bíblia, no início do livro dos Atos dos Apóstolos, lê-se que, passados quarenta dias de sua morte na Cruz e de sua ressurreição, Jesus subiu aos céus, prometendo aos discípulos que enviaria o Espírito Santo, que lhes foi comunicado no dia de Pentecostes.

Entre a ascensão de Jesus ao céu e a descida do Espírito Santo, passaram-se nove dias. A comunidade cristã ficou reunida em torno de Maria, de algumas mulheres e dos apóstolos. Foi a primeira novena cristã. Hoje, ainda a repetimos todos os anos, orando, de modo especial, pela unidade dos cristãos. É o padrão de todas as outras novenas.

A novena é uma série de nove dias seguidos em que louvamos a Deus por suas maravilhas, em particular, pelos santos, por cuja intercessão nos são distribuídos tantos dons.

Alegoricamente, a novena é antes de tudo um ato de louvor ao Pai, ao Filho e ao Espírito Santo, Deus três vezes Santo. Três é número perfeito. Três vezes três, nove. A novena é louvor perfeito à Trindade. A prática de nove dias de oração, louvor e súplica confirma de maneira extraordinária nossa fé em Deus que nos salva, por intermédio de Jesus, de Maria e dos santos.

O Concílio Vaticano II afirma: "Assim como a comunhão cristã entre os que caminham na terra nos aproxima mais de Cristo, também o convívio com os santos nos une a Cristo, fonte e cabeça de que provêm todas as graças e a própria vida do povo de Deus" (*Lumen Gentium*, 50).

Nossas Devoções procura alimentar o convívio com Jesus, Maria e os santos, para nos tornarmos cada dia mais próximos de Cristo, que nos enriquece com os dons do Espírito e com todas as graças de que necessitamos.

Francisco Catão

Coleção Nossas Devoções

- *Dulce dos Pobres: novena e biografia* – Marina Mendonça
- *Francisco de Paula Victor: história e novena* – Aparecida Matilde Alves
- *Frei Galvão: novena e história* – Pe. Paulo Saraiva
- *Imaculada Conceição* – Francisco Catão
- *Jesus, Senhor da vida: dezoito orações de cura* – Francisco Catão
- *João Paulo II: novena, história e orações* – Aparecida Matilde Alves
- *João XXIII: biografia e novena* – Marina Mendonça
- *Maria, Mãe de Jesus e Mãe da Humanidade: novena e coroação de Nossa Senhora* – Aparecida Matilde Alves
- *Menino Jesus de Praga: história e novena* – Giovanni Marques Santos
- *Nhá Chica: Bem-aventurada Francisca de Paula de Jesus* – Aparecida Matilde Alves
- *Nossa Senhora Aparecida: história e novena* – Maria Belém
- *Nossa Senhora da Cabeça: história e novena* – Mario Basacchi
- *Nossa Senhora da Luz: novena e história* – Maria Belém
- *Nossa Senhora da Penha: novena e história* – Maria Belém
- *Nossa Senhora da Salete: história e novena* – Aparecida Matilde Alves
- *Nossa Senhora das Graças ou Medalha Milagrosa: novena e origem da devoção* – Mario Basacchi
- *Nossa Senhora de Caravaggio: história e novena* – Leomar A. Brustolin e Volmir Comparin
- *Nossa Senhora de Fátima: novena* – Tarcila Tommasi
- *Nossa Senhora de Guadalupe: novena e história das aparições a São Juan Diego* – Maria Belém
- *Nossa Senhora de Nazaré: novena e história* – Maria Belém
- *Nossa Senhora Desatadora dos Nós: história e novena* – Frei Zeca
- *Nossa Senhora do Bom Parto: novena e reflexões bíblicas* – Mario Basacchi
- *Nossa Senhora do Carmo: novena e história* – Maria Belém
- *Nossa Senhora do Desterro: história e novena* – Celina Helena Weschenfelder
- *Nossa Senhora do Perpétuo Socorro: história e novena* – Mario Basacchi
- *Nossa Senhora Rainha da Paz: história e novena* – Celina Helena Weschenfelder
- *Novena à Divina Misericórdia* – Tarcila Tommasi

- *Novena das Rosas: história e novena de Santa Teresinha do Menino Jesus* – Aparecida Matilde Alves
- *Novena em honra ao Senhor Bom Jesus* – José Ricardo Zonta
- *Ofício da Imaculada Conceição: orações, hinos e reflexões* – Cristóvão Dworak
- *Orações do cristão: preces diárias* – Celina Helena Weschenfelder
- *Os Anjos de Deus: novena* – Francisco Catão
- *Padre Pio: novena e história* – Maria Belém
- *Paulo, homem de Deus: novena de São Paulo Apóstolo* – Francisco Catão
- *Reunidos pela força do Espírito Santo: novena de Pentecostes* – Tarcila Tommasi
- *Rosário dos enfermos* – Aparecida Matilde Alves
- *Rosário por uma transformação espiritual e psicológica* – Gustavo E. Jamut
- *Sagrada Face: história, novena e devocionário* – Giovanni Marques Santos
- *Sagrada Família: novena* – Pe. Paulo Saraiva
- *Sant'Ana: novena e história* – Maria Belém
- *Santa Cecília: novena e história* – Frei Zeca
- *Santa Edwiges: novena e biografia* – J. Alves
- *Santa Filomena: história e novena* – Mario Basacchi
- *Santa Gemma Galgani: história e novena* – José Ricardo Zonta
- *Santa Joana d'Arc: novena e biografia* – Francisco de Castro
- *Santa Luzia: novena e biografia* – J. Alves
- *Santa Maria Goretti: história e novena* – José Ricardo Zonta
- *Santa Paulina: novena e biografia* – J. Alves
- *Santa Rita de Cássia: novena e biografia* – J. Alves
- *Santa Teresa de Calcutá: biografia e novena* – Celina Helena Weschenfelder
- *Santa Teresinha do Menino: novena e biografia* – Jesus Mario Basacchi
- *Santo Afonso de Ligório: novena e biografia* – Mario Basacchi
- *Santo Antônio: novena, trezena e responsório* – Mario Basacchi
- *Santo Expedito: novena e dados biográficos* – Francisco Catão
- *Santo Onofre: história e novena* – Tarcila Tommasi
- *São Benedito: novena e biografia* – J. Alves

- *São Bento: história e novena* – Francisco Catão
- *São Brás: história e novena* – Celina Helena Weschenfelder
- *São Cosme e São Damião: biografia e novena* – Mario Basacchi
- *São Cristóvão: história e novena* – Mário José Neto
- *São Francisco de Assis: novena e biografia* – Mario Basacchi
- *São Francisco Xavier: novena e biografia* – Gabriel Guarnieri
- *São Geraldo Majela: novena e biografia* – J. Alves
- *São Guido Maria Conforti: novena e biografia* – Gabriel Guarnieri
- *São José: história e novena* – Aparecida Matilde Alves
- *São Judas Tadeu: história e novena* – Maria Belém
- *São Marcelino Champagnat: novena e biografia* – Ir. Egídio Luiz Setti
- *São Miguel Arcanjo: novena* – Francisco Catão
- *São Pedro, Apóstolo: novena e biografia* – Maria Belém
- *São Peregrino Laziosi* – Tarcila Tommasi
- *São Roque: novena e biografia* – Roseane Gomes Barbosa
- *São Sebastião: novena e biografia* – Mario Basacchi
- *São Tarcísio: novena e biografia* – Frei Zeca
- *São Vito, mártir: história e novena* – Mario Basacchi
- *Senhora da Piedade: setenário das dores de Maria* – Aparecida Matilde Alves
- *Tiago Alberione: novena e biografia* – Maria Belém

Rua Dona Inácia Uchoa, 62
04110-020 – São Paulo – SP (Brasil)
Tel.: (11) 2125-3500
http://www.paulinas.com.br – editora@paulinas.com.br
Telemarketing e SAC: 0800-7010081